Guide rapide de
confiance en soi

Édition 2020
revue et augmentée

Également disponibles :

Le guide rapide d'auto-hypnose

Le guide rapide des petites pensées à emporter

Le guide rapide anti-stress

Guide rapide de
confiance en soi

Philippe Korn

À ma fille Michèle,
brillante et aimée.

Remerciements :

À ceux et celles qui m'accompagnent
dans ce long marathon.

Sommaire :

1

Bienvenue

Bonjour,

D 'abord, merci d'avoir choisi ce livre, je souhaite avant tout qu'il vous soit utile pour vous guider vers le mieux-être au quotidien.

Il s'adresse aussi bien aux hommes qu'aux femmes, aux jeunes et aux moins jeunes.

Comme praticien en hypnose ericksonienne, j'ai une clientèle très variée et aux problématiques très diverses.
Cependant, j'ai constaté que de nombreux problèmes reposent tout ou partie sur un très petit nombre de causes.
Parmi ces causes, on retrouve très souvent et même trop souvent, le manque de confiance en soi.

J'ai donc commencé par créer un atelier de groupe qui s'intitule « trois heures pour booster sa confiance en soi » et que j'anime encore régulièrement.
Il m'a ensuite semblé évident de transformer cet atelier sous la forme de cet ouvrage afin d'en faire profiter un maximum d'intéressés.

Pour être le plus clair possible, j'ai voulu éviter les formulations « scientifiques et techniques » et surtout les délires « New Age », ce guide se veut accessible à tous et libre de tout dogme.

Ces pages ne prétendent pas traiter le sujet de manière exhaustive, mais veulent mettre en lumière l'essentiel des mécanismes à connaître et proposer quelques pistes pour vaincre sa timidité, s'épargner des frustrations et des échecs.

Bref, s'épanouir un peu plus dans sa vie privée et professionnelle.

Je vous souhaite une bonne lecture et plein succès dans vos projets !

Philippe Korn

PS : Vous l'avez compris, toutes les formulations de ces pages sont épicènes.

2

Introduction

Enfant, notre vie se déroule *en principe* sans trop de soucis.

Nous sommes entourés de personnes aimantes qui s'occupent de nous.

Il existe même des auxiliaires invisibles qui ajoutent du merveilleux à notre quotidien : le Père Noël, la petite souris, le lapin de Pâques ou parfois notre défunte mamie depuis le ciel.

Bref, les choses sont faciles... au début.

Et puis en grandissant, on découvre que nos parents sont parfois (très) maladroits, que nos amis sont faillibles, que le Père Noël s'approvisionne en grande surface et que les chances de devenir astronaute ou princesse s'amenuisent de jour en jour.

Dans un environnement très favorable, ces découvertes peuvent se vivre sans trop de dégâts, mais parfois, c'est avec fracas que nous faisons face à ces révélations.

Nos croyances peuvent alors s'effondrer avec ou sans douleur : des plus lointaines, comme ce lapin de Pâques, que finalement nous n'avons jamais croisé, jusqu'aux plus proches, car parfois on se rend compte que notre meilleur ami est un sale petit c**, que notre amour nous a trahi ou que notre cher collègue n'est qu'un horrible arriviste, etc.

Alors si notre édifice, construit pas à pas durant toutes ces années, se fissure de tous côtés, les turbulences finissent par y pénétrer et par congeler notre confiance en nous, souffler sur la flamme de notre amour propre et inonder nos champs d'activités.

C'est la panne.

On ne comprend plus, on doute, on a peur, on hésite, on renonce.

Nous voilà pris au piège de nos propres émotions, les seuls repères restants nous guident vers le mal-être et la stagnation.

*

Ce livre est constitué d'une première partie qui vous explique en bref ce qui se passe dans votre tête, ou ce qui devrait se passer.

Ceci vous donnera la vigilance nécessaire pour être attentif aux pièges qui alimentent sournoisement votre manque de confiance en vous afin de mieux les contourner.

La deuxième partie vous propose une série d'exercices simples et puissants pour vous conduire enfin à plus de confiance en vous.

Il est en effet indispensable d'***agir autrement*** pour obtenir de nouveaux résultats.

Alors au lieu d'*AGIR* négativement :

> *A*ttendre
> *G*émir
> *I*gnorer
> *R*enoncer

Décidez d'**AGIR** :

Activez	vos ressources
Grandissez	en confiance
Initiez	le changement
Rencontrez	le succès

Vous êtes prêt ?

Allons-y !

*

3

Définitions

Afin de savoir clairement de quoi nous allons parler, tournons-nous d'abord vers le dictionnaire.

- **Confiance** : état psychologique se caractérisant par l'intention d'accepter la vulnérabilité sur la base de croyances optimistes sur les intentions (ou le comportement) d'autrui (ndla: ou de soi).
  Sentiment de sécurité d'une personne qui se fie à elle-même.

Ajoutons tout de suite une autre définition afin de bien différencier les notions d'estime et de confiance.

- **Estime** : appréciation favorable que l'on porte sur quelqu'un, bonne opinion qu'on en a ; respect, considération.

On trouve donc dans ces deux définitions les notions de croyances, d'intention, de sentiments et d'appréciation.

Comme vous le voyez, nous sommes donc dans le 100% subjectif ! Adieu rationalité, bye bye impartialité et bonjour les fantasmes !

Si on y réfléchit bien, puisqu'on parle de confiance en soi, cela revient à avoir l'intention d'admettre de se croire faible parce qu'on croit en nos propres bonnes intentions.

Avouez que c'est risible et que ça devrait suffire à prendre du recul, mais bon...

Plus choquant encore (à mes yeux du moins), on y évoque clairement les sentiments de vulnérabilité et de sécurité (d'insécurité plus exactement).

En clair, le manque de confiance (et dans notre cas le manque de confiance en soi) sous-entend la perception d'une sorte de *menace* planant sur soi !
Je vous l'avais dit, on est en plein fantasme !

*

Il faut donc bien distinguer deux choses :

- La confiance en soi, c'est ce que *je suis capable de faire*.

On exprimera souvent son manque de confiance en soi par « je n'y arriverai pas » ou « je suis incapable de ... ».

- L'estime de soi, c'est *ce que je vaux.*

  Dans ce cas, une mauvaise estime de soi s'exprimera souvent par « je suis nul » ou encore « ce n'est pas pour moi ».

  *

Une autre définition trouve toute sa pertinence ici :

- **Anticipation** : Faire quelque chose avant le moment prévu.
  Action de prévoir, de supposer[1] ce qui va arriver.
  Activité adaptée (ndla : ou *inadapté* quand il s'agit de manque de confiance en soi) à un stimulus futur, qu'un sujet développe lorsqu'il est informé de la prochaine apparition de ce stimulus.
  Mouvement de la pensée qui imagine[2] ou vit d'avance un événement.

Invariablement, nous allons établir un pont entre une expérience passée, négative, et un moment à venir (donc futur), sans se préoccuper du présent.

Le moment indésirable, vécu dans un passé proche ou lointain, devient la règle, l'évidence, presque une

---

[1&2] Encore de la subjectivité !

malédiction (voir chapitre 4).

Peut-être qu'en faisant un bilan rapide de l'instant présent, on peut comprendre que de nombreux paramètres ont évolué.

Les protagonistes ont changé, de même que les lieux, les ressources disponibles, l'environnement, vos partenaires, votre expérience, etc.

Bref, vous êtes devenu adulte, indépendant, compétent, diplômé, ceinture noire de kung-fu, vous parlez 4 langues, vous avez couru 6 marathons, traversé l'Atlantique en solitaire, remporté 3 prix littéraires et j'en passe.

Pourtant *vous êtes persuadé* que Virginie se paie votre tête.

*

4

L'inconscient

Avouons-le, c'est un peu le responsable de notre problème.

L'inconscient, c'est quoi ?

Avant de continuer, une petite précision lexicale : dans ces lignes, je parlerais indifféremment d'inconscient, de subconscient, d'esprit ou de « votre cerveau ».

On trouve des dizaines de définitions de l'inconscient, plus ou moins savantes selon les auteurs, mais pour nous simplifier la vie, disons que l'inconscient c'est tout ce qui n'est pas... conscient.

Tout ce qui ne fait pas partie de votre volonté, de votre analyse, de votre logique ou de vos choix, c'est votre inconscient qui le commande.

Bonne nouvelle : vous n'avez donc pas besoin de réfléchir à respirer, à rêver, ni à vous demander quels muscles doivent se contracter pour marcher, ça se fait tout seul.

Mauvaise nouvelle : parfois, ce pilote automatique s'emballe ou se mélange les pinceaux.

*

Ce chiffre varie également selon les auteurs, mais vous devez comprendre que votre inconscient occupe environ 80% de l'activité de votre cerveau ou plus simplement, que c'est lui qui occupe le plus largement votre cerveau.
Il stocke vos souvenirs, vos intuitions, votre instinct, il gère vos émotions, vos apprentissages, votre créativité et

j'en oublie.

Pour vous en faire une représentation plus claire, imaginez un iceberg.

Le petit bout émergé est votre conscient, l'énorme partie sous l'eau est votre inconscient.

Autre bonne nouvelle : vous comprenez que c'est une extraordinaire réserve de ressources que vous possédez là, rien qu'à vous, alors puisez-y sans réserve !
C'est précisément ce que fait pour vous un hypnothérapeute pendant la séance d'hypnose.

L'inconscient se manifeste souvent, il crée vos rêves, fait fourcher votre langue et à chaque fois que vous commencez une phrase par « je ne sais pas pourquoi mais... » dites-vous que c'est votre inconscient qui vous souffle une idée, une intuition ou un avertissement.

Vous devez considérer votre inconscient comme un jeune enfant.
En ce sens, il est naïf, réceptif, créatif et joueur.
C'est donc à priori charmant, mais parfois il pourra associer des événements distincts pour créer un élément anxiogène ou un comportement inadapté et vous voilà atteint d'une phobie ou de crises d'angoisse par exemple.
Comme beaucoup de bricolages infantiles, c'est souvent gênant : pensez au dernier collier de nouilles reçu...

Une patiente avait assisté à la séparation de ses parents durant son enfance.
La dernière fois qu'elle a vu son père, c'était lorsqu'il a pris l'avion pour l'Argentine en aller simple.
Plus jamais de nouvelles depuis.
Son inconscient a gardé comme association « avion = abandon ».
Vous comprenez donc dans quel état elle sera si elle doit amener son conjoint à l'aéroport ou si elle doit elle-même prendre l'avion...

L'inconscient se remplit tout au long de notre vie, mais plus particulièrement durant notre jeune âge.
On estime qu'à 12 ans, il est plein à 80%, autant dire qu'avant même votre adolescence, tout est (presque) déjà joué.

Il est aussi hyper-protecteur, il n'hésite pas à refouler une émotion tant que la situation qui l'a provoquée n'est pas résolue.

Refoulée, mais pas disparue.

Aïe !

*

Il est aussi important de comprendre ce que préfère votre inconscient.

- **L'économie.**

    En clair, c'est une grosse feignasse.

    Pour rester politiquement correct, disons que notre cerveau économise ses ressources et ça, c'est plutôt bien.

    Le problème, c'est que par défaut, pour s'économiser, il va répéter les schémas qu'il connaît.

    Un exemple : bébé, vous pleuriez, on vous nourrissait, c'était chouette ! Alors adulte, si je chouine, aurais-je ma nouvelle paire de skis ?

    C'est valable à un tel point que l'inconscient va utiliser les mêmes circuits de neurones à chaque fois.

    Vous comprenez donc que modifier ce circuit va modifier le comportement, ou l'inverse.

    Quand on a un poil dans la main, on enfile le matin le premier tee-shirt de la pile plutôt que de chercher à harmoniser sa tenue.

    Le cerveau va faire la même chose : il prend la première idée de la pile, celle qu'il a appliquée ou entendue le plus souvent.

Alors imaginez si, sur le haut de la pile, se trouvent
« tais-toi », « tu es nul », « tu n'es qu'un bon à rien
» ?
Un désastre.

- **La nouveauté.**

Vous l'avez sûrement expérimenté des centaines de
fois, vous savez, cet enthousiasme quand on reçoit
son colis rempli de nouvelles chaussures, ou quand
on s'assoit dans sa nouvelle voiture. Ces mêmes
chaussures qui finissent dans un placard après 3
semaines et cette voiture qu'on ne rentre même plus
dans le garage.
Quand votre esprit n'a plus rien de neuf à se mettre
sous la dent, il retourne chercher dans ses vieux
cartons et il en ressort quoi ? Les trucs qui sont en
premier sur la pile (voir plus haut).
Aïe !

- **Les émotions.**

Plutôt fortes et plutôt orientées « plaisir ».
Vous comprenez mieux certains comportements
compulsifs et excessifs.
En effet, quand le cerveau n'a pas ce qui lui
convient il ressort ses vieilleries toxiques.
Ouille !

- **La sécurité.**

La survie est même la priorité évidente et tant

mieux.

Après, puisque votre cerveau pinaille, il va se méfier de ce qu'il juge trop audacieux, trop innovant, trop iconoclaste.

Pour se donner un air savant, on dit qu'il hésite à sortir de sa zone de confort.

Pourtant, c'est souvent hors de cette zone de confort que se trouvent les nouveautés, les émotions, les progrès.

Pffffff !

Je vous l'avais dit : un vrai gamin !

*

5

Le système nerveux autonome

Étroitement lié à l'inconscient, le système nerveux autonome envoie les informations à travers le corps et informe le cerveau en retour.

Si j'ai qualifié l'inconscient de « pilote automatique », alors le système nerveux autonome est clairement le copilote.

Il est autonome par ce que nous ne pouvons (presque) pas agir dessus.

Ce système nerveux autonome est formé de deux branches :

- Le système nerveux sympathique.

  Pour résumer, c'est un peu l'accélérateur de notre physiologie, c'est lui qui mobilise l'énergie en cas de stress, pour sauver notre peau en cas d'incendie comme pour aller charmer la stagiaire de la compta.

- Le système nerveux parasympathique.

  On va le qualifier de frein de notre physiologie, il va nous permettre de remettre de l'énergie en stock, de nous reposer, de réparer nos bobos.

Pourquoi je vous raconte tout ça ?

C'est très simple.
A l'aube de l'humanité, nous étions (et nous sommes toujours) programmés pour *survivre* et cette

programmation se résume à deux choses : *fuir ou se battre.*

En clair, nous sommes programmés pour écraser notre accélérateur physiologique en cas de danger (donc stimuler notre système nerveux sympathique).

Ne cherchez pas, au XXIème siècle, vous n'avez toujours pas d'autre choix au fond de vous.

En cas de stress (agression, menace, surprise, contrariété, imprévu, etc.), votre instinct est de fuir ou de vous battre.

C'était très efficace lorsque les ours rôdaient autour de votre grotte il y a 9000 ans, ça l'est moins quand on rate son bus, que l'on casse notre précieux smartphone ou que la belle-mère s'invite dimanche prochain.

L'invention de la négociation, de la psychologie, de la relaxation, de la philosophie et toutes ces choses est très récente et demande une certaine maîtrise, un profond lâcher-prise, bref, ça ne vient pas tout seul !

Par défaut, on a automatiquement envie de fuir ou de se battre.

Quel est le rapport ?

C'est encore plus simple.

Un journaliste aimerait écrire un petit article sur votre commerce naissant, quelle belle opportunité de se faire connaître !
Mais vous manquez cruellement de confiance en vous et la simple idée de répondre à ses questions vous stresse à mort, donc vous fuyez.
Dans ce cas, ça veut dire que vous déclinez son offre d'interview.

Résultat : vous perdez plusieurs dizaines de clients.

Conclusion : vous êtes frustré, vous vous trouvez encore plus nul et perdez encore plus confiance en vous !

6

Les principes

La confiance en soi est l'une des composantes de *l'estime de soi* et il y en a 3 autres.

Idéalement, ces 4 éléments doivent être développés et équilibrés pour avoir une estime de soi forte et épanouissante.

Je vous ai fait un petit dessin qui illustre bien le fait que l'estime de soi repose sur la confiance en soi, l'amour de soi, l'acceptation de soi et la vision de soi.

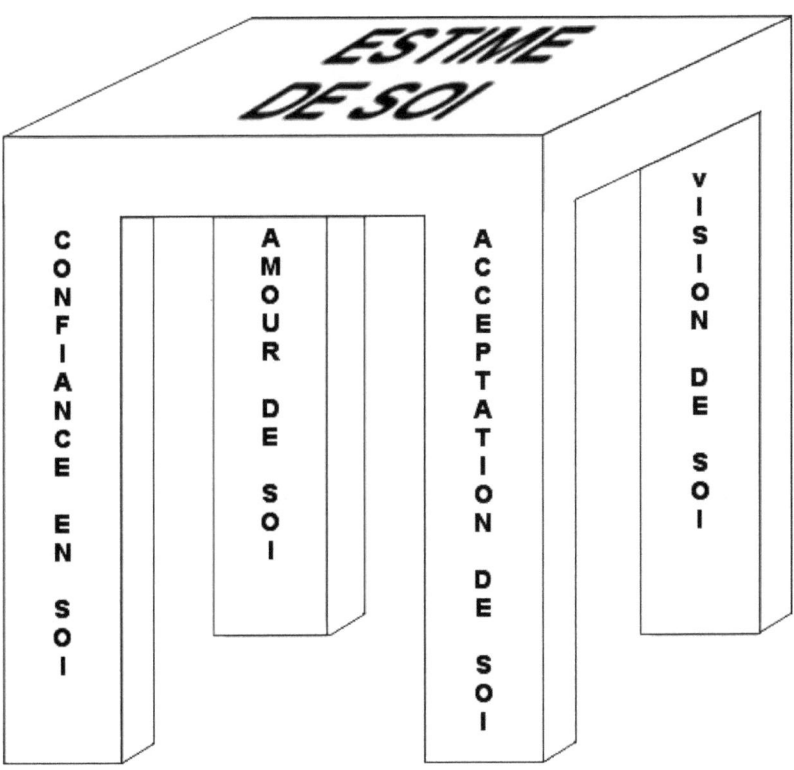

Représentée sous la forme d'une table, pour que son plateau soit stable et solide, bref, pour pouvoir s'appuyer dessus, ses pieds doivent être costauds et de dimensions égales.

Si un pied est trop court, la table est bancale.
Si un pied manque, ou s'il est trop fragile : patatra !

Dans la pratique, ces 4 éléments fluctuent, il y a les jours avec et les jours sans, mais nous sommes là pour qu'il y ait plus de jours avec.

- **La confiance en soi.**

    Thème de cet opuscule, c'est souvent le ressenti principal dont le déficit est mal vécu et problématique, même si nous ne pouvons pas établir de hiérarchie objective par rapport aux autres composantes de l'estime de soi.
    Souvenez-vous des définitions du premier chapitre : il s'agit là de ce que nous nous sentons capable d'accomplir.
    C'est donc la composante *comportementale*.
    Alimentée par nos succès, la confiance en soi nous permet de nous engager dans l'action.
    Faites-en priorité des choses que vous aimez, apprenez avec des professeurs compétents et bienveillants.
    Célébrez vos réussites.

- **L'acceptation de soi.**

C'est être soi, pouvoir avancer sans masque et sans jouer de rôle, ou plutôt sans vous corrompre.
Les masques sont nécessaires selon l'environnement, nous ne nous comportons pas de la même façon au travail ou avec nos amis.
Cependant, ces masques sont uniquement des façons de s'adapter à notre environnement, loin de toute hypocrisie.
Le mal-être s'installe lorsque le masque devient trop pesant ou lorsque nous n'arrivons plus à en changer.
Il nous éloigne alors de notre identité réelle.
C'est la composante *environnementale*.

- **La vision de soi.**

C'est l'image que vous avez de vous, objective ou non.
Ce sont les qualités et les défauts que vous vous attribuez, à tort ou à raison.
Ne focalisez pas sur des exemples extrêmes[3] ou sur des performances inatteignables.
Offrez-vous une vision globale et objective.
C'est un fantasme de vouloir tout avoir, tout savoir et tout faire.
C'est la composante *cognitive*.

---

[3] Moi aussi, je suis moins beau que Brad Pitt et moins fort que Teddy Riner.

- **L'amour de soi.**

  C'est un amour de soi inconditionnel qui devrait s'inscrire hors de toute évaluation, de toute performance, mais évidemment, il fluctue selon les jours.
  Ne vous oubliez pas.
  C'est à partir de soi et de sa bienveillance propre qu'on peut rayonner vers les autres.
   « Je mérite... », « Je progresse... », « Je m'écoute... », « Je vais mieux... », « Je veux... » et « Je ne veux plus... »
  C'est la composante *émotionnelle*.

Comme vous le voyez sur le schéma suivant, ces composantes s'alimentent les unes des autres :

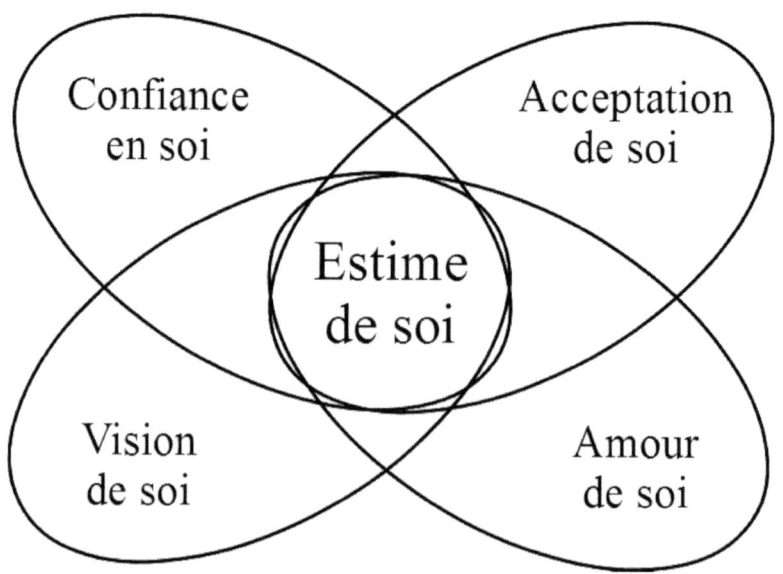

- Quand je m'aime, je suis conscient de mes qualités,

- quand je m'aime, j'ose aller vers les autres,

- quand je connais mes points forts, j'ai confiance,

- quand j'ai confiance, je peux aller vers les autres,

- quand je suis bien avec mon entourage, je m'aime,

- quand je suis bien dans mon environnement, j'ai confiance,

- quand j'ai confiance, je connais mes atouts,

- quand mes qualités s'expriment, je m'aime.

*

Vous pouvez alors comprendre qu'être professionnellement compétent, par exemple, ne signifie pas seulement connaître les techniques et les usages de son métier, mais aussi s'attribuer les qualités ad-hoc, savoir interagir avec ses collègues et se sentir à la bonne place.

Cette estime de soi, bien construite (ah oui, j'ai oublié de vous le préciser, mais le but de ces pages n'est pas de fabriquer des hordes d'arrogants prétentieux...) vous épargnera bien des angoisses, des frustrations, de la langue de bois, des sous-entendus et de l'auto-sabotage.

La voie du progrès doit vous mener vers :

- **L'autonomie**.

  Apprendre à se connaître, faire vos propres choix et les assumer, ressentir et exprimer, être lucide.

- **La responsabilité**.

  Être responsable de vous-même, user de votre libre arbitre, être orienté vers vos *objectifs*.

- **La congruence**.

  Être congruent, c'est être en accord avec soi. C'est le fameux « je dis ce que je fais et je fais ce que je dis ». Ce n'est pas qu'un slogan politique, c'est un élément essentiel au bien-être.

*

Je souhaite ajouter un commentaire concernant le mot « objectif » utilisé quelques lignes plus haut.

Je n'ai pas voulu utiliser le mot « solution », en effet, je crois qu'un objectif est plus motivant et s'inscrit plus sur la durée.

Une solution sous-entend qu'on admet l'existence d'un problème, ce qui a évidemment une connotation négative. Le risque est donc de focaliser sur le problème et de s'y complaire.

Lorsque vous faites du vélo, vous ne vous arrêtez pas pour analyser chaque caillou sur la route, pour mesurer chaque trou sur le chemin : vous suivez un but, une trajectoire et dépassez avec aisance chacun de ces obstacles.

*

7

Les mythes

Un adage dit : « ne mets pas les clefs de ton bonheur dans la poche d'un autre ».

Pourtant, c'est très courant d'imaginer que le bonheur vient de l'extérieur, d'une tierce personne, d'un objet, d'un job ou d'une situation donnée.

Éric Berne, le père de l'analyse transactionnelle, a défini les 4 mythes les plus puissants :

- J'ai le pouvoir de rendre les autres heureux, s'ils ne le sont pas, alors c'est ma faute !

- J'ai le pouvoir de rendre les autres malheureux, donc si je le veux, je peux leur pourrir l'existence !

- Les autres ont le pouvoir de me rendre heureux, donc il n'y a que ces personnes qui peuvent me rendre heureux !

- Les autres ont le pouvoir de me rendre malheureux, c'est donc leur faute si je ne suis pas heureux !

Si nous étions proches, je vous dirais « assieds-toi et respire un bon coup ».

Plus sérieusement, vous voyez à quel point nous pouvons nous inhiber, nous soumettre, nous mettre la pression ou encore rejeter la responsabilité de nos vies sur les autres.

Donc **stop à la mégalomanie** : vous ne contrôlez pas les autres comme des marionnettes.

Et **stop à la parano** : les autres ne passent pas leur temps à faire des plans pour vous (et encore moins à comploter).

Relisez le chapitre 6 et ses notions d'autonomie, de congruence, de responsabilité, regardez-vous de manière plus objective.

Vous-même, comme les autres, évoluez dans un cercle familial, amical, social, il se passe des centaines de choses chaque jour pour eux comme pour vous, alors adoptez un regard neutre, prenez du recul, lâchez prise (je voulais éviter d'écrire ces deux expressions tarte-à-la-crème, mais c'est trop tard), vous voyez, c'est bien moins dramatique que vous ne le pensiez.

Finalement, vous n'êtes pas le centre du monde, en revanche, *vous êtes le centre de votre monde.*

Alors il est peut-être possible d'écrire et de réfléchir à « **j'ai le pouvoir de me rendre heureux** » ?

Ouf, ça va déjà mieux !

*

8

Les besoins

Vous connaissez peut-être la pyramide de Maslow et la pyramide de Dilts, bravo[4].

En gros, ces modèles sont deux théories qui expliquent les motivations et les comportements d'un individu en fonction de ses besoins.

On y retrouve la vision de soi, la perception de nos compétences, nos réactions, etc.

Ce sont deux outils que je trouve un peu complexes à manipuler ici.

Je vais m'en tenir aux 4 besoins énoncés aussi par Éric Berne, je les trouve plus pertinents dans le cadre de ces pages sur la confiance en soi, car ils complètent et renforcent les notions présentées dans les chapitres précédents.

Vous allez facilement pouvoir établir les liens avec vos perceptions émotionnelles, environnementales, cognitives, comportementales décrites dans le chapitre V.

Ces 4 besoins qui sont les suivants :

- **Le besoin de reconnaissance.**

    Se sentir unique et compter pour l'autre.

    Recevoir des signes de reconnaissance stimule toutes les composantes de l'estime de soi.

    En plus c'est gratuit, alors osez en donner et en

---

[4] Sinon, je vous en parle un peu en annexe

demander !

Retenez tout de même que la quantité et la qualité de ce que chacun souhaite lui est propre.

La solution : exprimez-vous !

- **Le besoin de structurer et ordonner sa vie.**

C'est important pour notre identité de structurer l'espace et le temps et de poser des limites, pour la perception de nous-même et la perception que les autres ont de nous (par exemple dans le cadre de l'appartenance à un groupe).

C'est aussi l'expression de notre congruence et un déclencheur de signes de reconnaissance.

- **Le besoin de stimulation.**

Apprenez, touchez, goûtez, bougez, écoutez, discutez, expérimentez, osez, éveillez tous vos sens, ressentez toutes vos émotions, stimulez-vous intellectuellement, socialement, affectivement et physiquement.

Non seulement votre inconscient aime la nouveauté, mais vous n'imaginez pas à quel point ce besoin est *vital pour votre santé mentale et physique.*

- **Les positions de vie.**

Dans un contexte donné, vous vous trouvez nul(-) ou OK(+), et vous trouvez également l'autre nul(-) ou OK(+).

Il existe donc 4 positions :

- je suis OK(+) il est OK(+),
- je suis nul(-) il est nul(-),
- je suis nul(-) il est OK(+),
- je suis OK(+) il est nul(-).

Identifiez dans quelle position vous vous trouvez pour évaluer la qualité de la relation.

Seule la position OK(+)/OK(+) doit être favorisée.

Les autres vous placent en position d'infériorité, de fuite, de frustration, de soumission ou de mépris, d'agressivité ou pour la moins enviable, de désespoir.

Se sentir dans une des trois positions défavorables doit donc déclencher une petite alarme dans votre tête.
Demandez alors des éclaircissements concernant la situation en cours, votre interlocuteur ou les enjeux.
Si vous arrivez à vous rétablir dans une situation OK(+)/OK(+), c'est parfait, sinon vous n'êtes ni au bon endroit, ni avec la bonne personne.

*

9

Les croyances

Les croyances dont il est question ici, ce sont les convictions profondes que vous vous êtes fabriquées à travers votre éducation, vos apprentissages, vos souvenirs et vos expériences tout au long de votre vie et souvenez-vous, majoritairement durant votre enfance.

Ces croyances prennent racine dans votre inconscient[5].

Elles évoluent au cours de votre vie, peuvent souvent se renforcer ou parfois disparaître.

Elles commencent en principe par être des petites pousses vertes qui finissent, pour les plus envahissantes, au format baobab.

---

[5] Encore lui !

Je ne peux résister à l'envie de recopier ici cet extrait tellement pertinent du Petit Prince de Saint-Exupéry :

« En effet, sur la planète du Petit Prince, il y avait comme sur toutes les planètes, des bonnes herbes et de mauvaises herbes.
Par conséquent, de bonnes graines de bonnes herbes et de mauvaises graines de mauvaises herbes.
Mais les graines sont invisibles.

Elles dorment dans le secret de la terre jusqu'à ce qu'il prenne fantaisie à l'une d'elles de se réveiller...
Alors elle s'étire, et pousse d'abord timidement vers le soleil une ravissante petite brindille inoffensive.
S'il s'agit d'une brindille de radis ou de rosier, on peut la laisser pousser comme elle veut.
Mais s'il s'agit d'une mauvaise plante, il faut arracher la plante aussitôt, dès qu'on a su la reconnaître.
Or il y avait des graines terribles sur la planète du petit prince...

C'étaient les graines de baobabs.

Le sol de la planète en était infesté.
Or un baobab, si l'on s'y prend trop tard, on ne peut jamais plus s'en débarrasser.

Il encombre toute la planète.
Il la perfore de ses racines.
Et si la planète est trop petite, et si les baobabs sont

trop nombreux, ils la font éclater »

Ces croyances peuvent être positives (aidantes) ou négatives (limitantes) et croyez-moi, elles sont surtout de cette dernière catégorie quand on ne veille pas au grain[6].

Elles sont le socle sur lequel vous bâtissez de manière totalement subjective vos idées, vos paroles et vos comportements.

Je passe sur les croyances aidantes : cultivez-les, renforcez-les et appuyez-vous dessus sans réserve lorsque vous en avez besoin.

Les croyances limitantes... c'est une autre histoire.

Pour exemple cette personne de 50 ans, récemment licenciée, qui renonce à postuler pour un emploi vacant.

Ses raisons sont la distance qui le sépare de l'entreprise, son âge (on lui avait dit lors d'un entretien précédent qu'il était trop vieux), il doutait de la reconnaissance de son diplôme et de la valeur de son expérience.

Pour être honnête, je ne connais pas la fin de l'histoire, mais ce que je sais, c'est que le nombre de kilomètres entre son domicile et l'entreprise était certes plus important qu'avec son ancien employeur, mais il devait à cette époque traverser une importante agglomération. Pour cet autre poste, s'il y perdait effectivement en kilomètres, il y gagnait en temps.
Sa branche professionnelle demandait à cette période des

---

[6] Et ce sera ma dernière métaphore botanique.

personnes maîtrisant des savoir-faire spécifiques qui n'étaient plus enseignés aux jeunes, ce qui donc logiquement favorisait l'embauche de personnes plus âgées et dont l'expérience prévaudrait sur les diplômes.

Sa planète était apparemment envahie de baobabs.

Et que penser de cette dame aux brillantes idées jamais formulées parce que durant toute son enfance elle a entendu « tais-toi ! » ?

*

Un exemple de croyances néfastes est ce qu'on appelle « l'impuissance acquise » (ou parfois incompétence acquise, ou encore learned helplessness en anglais).

En résumé, il s'agit du sentiment d'impuissance ressenti par un sujet qui subit à répétition des situations (bonnes ou mauvaises !) sur lesquels il ne peut pas agir et dont il ne peut pas s'échapper (ni les fuir, ni les combattre, ça vous rappelle quelque chose non ?).
Il en résulte une forme de dépression.

Je vous propose de visionner l'édifiante vidéo intitulée « Comment induire l'impuissance apprise » sur Youtube en recopiant ce lien :
https://youtu.be/j9I95BJsINc

Cette vidéo démontre à quel point il est facile de créer en 5 minutes chrono une croyance limitante qui ne repose sur rien d'autre qu'une petite manipulation !

Pour s'en protéger, vous comprenez maintenant l'importance de satisfaire vos besoins de stimulation et de reconnaissance, ou d'assumer les principes d'autonomie ou de responsabilité.

*

10

Les croyances limitantes

Ce qui nous intéresse aujourd'hui, ce sont les croyances limitantes, celles qui, sans le comprendre, nous mettent mal à l'aise.

C'est le gros morceau.

Reprenons comme exemple ce Monsieur de 50 ans qui s'était persuadé de ne pas candidater à ce job intéressant.

Il avançait 4 raisons de ne pas le faire, ce sont ses croyances, qui le conduisaient à ne pas postuler.

Nous pouvons représenter son raisonnement ainsi :

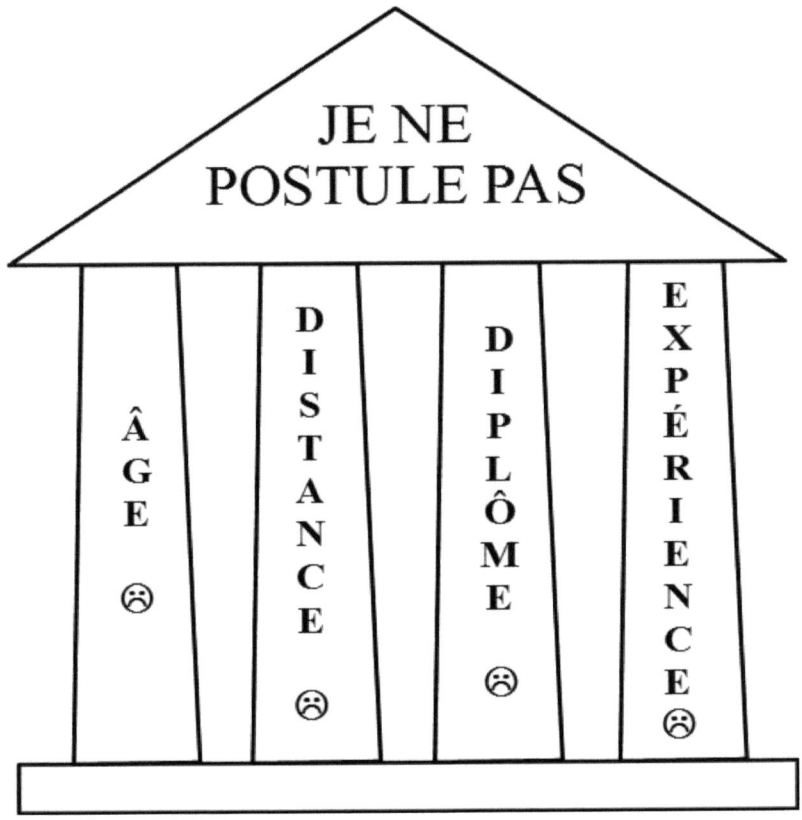

Ses croyances sont les piliers qui soutiennent sa certitude qu'il est inutile de postuler.

Vous comprenez que plus ces piliers sont nombreux et épais, plus son raisonnement est solide (pour lui seulement).

Voilà comment il a élevé un temple à son manque de confiance en lui.

Ce temple est en mesure d'évoluer, souvent dans le sens de se renforcer pour devenir une forteresse imprenable, plus rarement pour s'écrouler et offrir une nouvelle chance.

Alors plutôt que d'attendre que le temps fasse (peut-être) son œuvre, nous allons nous en occuper.

Avec ça !

Le plus souvent, ce sont vos leitmotivs quotidiens, lorsque vous dites ou pensez :

« j'aime pas... »,

« je ne sais pas... »,

« je suis... »,

« dans la vie... ».

Certaines sont évidentes, d'autres un peu moins.

C'est alors nécessaire de vous écouter parler et même de vous écouter penser.

Quels étaient les idées, les concepts de vos parents ?

Qu'est-ce que vous n'aimez pas ?

Qu'est-ce qui vous a marqué, impressionné ?

Dans quelles situations est-ce que vous n'êtes pas satisfait/heureux/épanoui ?

Quelles ont été vos « accidents de vie », tels que divorce, chômage, décès, violence, dettes, maladies, abandons, et quels ont été vos réactions, vos émotions, les changements qu'ils ont provoqués ?

Cette étape prend parfois un peu de temps, mais l'introspection est indispensable pour la suite.

N'hésitez pas à écrire ce qui ressort de votre réflexion.

2) Les 3 types de croyances

- Les croyances par omission : le sujet n'est pas

clairement mentionné.

« Je n'y arrive pas » → mais vous n'arrivez pas à quoi ?
« C'est pire » → qu'est ce qui est pire et pire que quoi ?
« Ça ne va pas » → qu'est-ce qui ne va pas ?

Vous serez surpris de constater que, souvent, vous n'avez pas la réponse.

- Les croyances par généralisation : on généralise une expérience.

« Les hommes sont tous les mêmes » → ah bon, vous les connaissez tous ?
« Ça finit toujours comme ça » → est-ce que ça a *vraiment* toujours fini comme ça ? Pour les autres aussi ? Non, pas pour les autres, alors comment font les autres pour y arriver ?
« Personne ne me comprend » → *vraiment* personne ? Avez-vous clairement exprimé ce que les autres doivent comprendre ?

- Les croyances par distorsion : on établit un rapport de cause à effet erroné.

« On ne peut pas s'en sortir quand on vient de la banlieue » → est-ce que vous pensez vraiment que votre avenir est lié à votre adresse ?
« Mon patron ne m'a pas salué ce matin, je vais avoir des problèmes » → avez-vous plutôt

remarqué qu'il était en train de parler au téléphone et a simplement été distrait ?

*

Nous voilà à la fin de cette première partie.

Vous connaissez maintenant les bases de votre structure, les choses que vous devez développer et les choses à éviter.

Restez attentif à ce que vous dites, à ce que vous faites et à ce que vous pensez.

Le but est qu'un signal d'alarme retentisse lorsque vous vous mettez dans une position (-)/(+), (+)/(-) ou (-)/(-), lorsque surgit une pensée limitante, une injonction négative ou lorsque vous pensez à un mythe.

Gardez à l'esprit vos besoins, vos croyances aidantes et les composantes de votre propre estime.

*

11

Qu'en faire ?

Maintenant que vous avez pris le temps d'identifier certaines de vos croyances limitantes, certains de ces piliers, plus ou moins épais, qui soutiennent votre manque de confiance en vous, que faire ?

Je vous propose dans ce chapitre plusieurs outils pour en venir à bout.

*

Avez-vous déjà entendu parler de « la madeleine de Proust » ?

C'est dans son roman « Du côté de chez Swann » que le narrateur l'évoque :

« Et tout d'un coup le souvenir m'est apparu.
Ce goût, c'était celui du petit morceau de madeleine que le dimanche matin à Combray (parce que ce jour-là je ne sortais pas avant l'heure de la messe), quand j'allais lui dire bonjour dans sa chambre, ma tante Léonie m'offrait après l'avoir trempé dans son infusion de thé ou de tilleul.
La vue de la petite madeleine ne m'avait rien rappelé avant que je n'y eusse goûté ; peut-être parce que, en ayant souvent aperçu depuis, sans en manger, sur les tablettes des pâtissiers, leur image avait quitté ces jours de Combray pour se lier à d'autres plus récents ; peut-être parce que, de ces souvenirs abandonnés si longtemps hors de la mémoire, rien ne survivait, tout s'était désagrégé ; les formes — et celle aussi du petit coquillage de pâtisserie, si grassement sensuel sous son plissage sévère et dévot — s'étaient abolies, ou, ensommeillées, avaient perdu la force

d'expansion qui leur eût permis de rejoindre la conscience. Mais, quand d'un passé ancien rien ne subsiste, après la mort des êtres, après la destruction des choses, seules, plus frêles mais plus vivaces, plus immatérielles, plus persistantes, plus fidèles, l'odeur et la saveur restent encore longtemps, comme des âmes, à se rappeler, à attendre, à espérer, sur la ruine de tout le reste, à porter sans fléchir, sur leur gouttelette presque impalpable, l'édifice immense du souvenir. »

*

Et pour vous ?

Que ressentez-vous lorsque vous repensez à votre premier baiser ?

Que se passe-t-il lorsque vous sentez l'odeur du délicieux pot-au-feu qui mijote, ou lorsque vous sentez le parfum sensuel de votre chéri(e) sur un de ses vêtements ?

Vous souvenez-vous du jour où vous avez réussi au bac ?

Et du jour où vous avez réussi votre permis de conduire ?

Et la première fois que vous avez pris votre bébé dans les bras, c'était comment ?

Il y a en vous des dizaines d'émotions positives tellement intenses et elles ne demandent qu'à surgir pour vous inonder de bien-être, de force, d'enthousiasme et de courage pour balayer vos croyances encombrantes.

Si malgré tout vous pensez ne pas avoir de souvenir de cette puissance[7], vous pouvez alors à la place imaginer le scénario idéal, le plan parfait, fabriquer la situation dont vous rêvez.

Je vous explique dans le paragraphe suivant pourquoi ça va fonctionner aussi avec votre imaginaire.

*

---

[7] Non, sérieusement, vous en avez !

Pour commencer, faites « comme si » !

Vous ne le savez peut-être pas, mais votre cerveau réagit de la même manière lorsque vous pensez à quelque chose, lorsque vous le voyez en image ou lorsque vous y êtes vraiment confronté.

Pensez à votre chéri(e) ou regardez sa photo : vous ressentez le même plaisir.

Imaginez une mygale ou regardez-la dans son terrarium, le cerveau tire la même sonnette d'alarme (enfin, à condition d'avoir une tendance arachnophobe).

Vous allez donc pour commencer faire « comme si » vous étiez plein de confiance en vous.
Allez-y, ouvrez les épaules, tenez-vous droit, prenez un air décidé, regardez vos interlocuteurs droit dans les yeux !
Imaginez le résultat positif que vous souhaitez obtenir, pensez aux mots, aux intonations que vous allez utiliser !

*

Vous ne le savez peut-être pas non plus, mais si le cerveau envoie au corps les informations qui vous font sourire ou vous tenir droit, vous pouvez en retour lui envoyer des messages par votre attitude.

Par exemple, quand le cerveau trouve quelque chose d'agréable, il vous fait sourire, mais si vous souriez (sans raison) le cerveau va se dire « ah, il sourit, il y a donc quelque chose d'agréable » et tout de suite, la vie devient un peu plus belle.

Vous voyez, on ne sourit finalement jamais « bêtement », à tous les coups on se fait du bien et en prime, on envoie un signal positif vers l'extérieur.

Ce principe consiste à dire : « **faire semblant, c'est déjà faire** ».

Nous avons là une invitation à nous projeter en imagination vers le résultat souhaité.

Nous venons de le voir, votre esprit ne fait pas la différence entre la pensée et la réalité et en plus, souvenez-vous : votre esprit utilise toujours les mêmes chemins, il répète les schémas connus, alors brodez-lui de belles histoires, des réussites, des mantras, des formules magiques, bref, stimulez-le, apprenez-lui à réussir... programmez-le positivement !

Faites une liste.

Ce deuxième outil est un peu plus ponctuel et introspectif. Réalisé avec sincérité il est très puissant.

Vous allez vous installer à une table ou à votre bureau, au calme, avec deux feuilles et un stylo.

Prenez le temps de la réflexion et commencez par noter sur cette feuille une des croyances limitantes que vous avez identifiées.
Continuez.
N'hésitez pas à chercher dans les trois catégories de croyances : par omission, par généralisation, par distorsion.
Vous allez au moins en trouver une de chaque...

Quand c'est fait, écrivez ensuite ce qui va se passer *de pire* si vous ne vous débarrassez pas de ces croyances (je vais stagner au travail, mon amour va me quitter, je vais tomber malade, déprimer, je ne verrais jamais mon monument préféré, etc.).

Quand vous pensez avoir tout noté, ajoutez *ce qui vous empêche de vous défaire de ces croyances* (j'ai peur de perdre mon boulot, je fais tout comme mes parents, mon ami a échoué dans cette situation, etc.).

Enfin, finissez la liste en ajoutant tout *ce qui est actuellement négatif dans votre vie*. Ce qui est nul.
Ce que vous n'aimez pas (je suis trop gros, je n'aime pas mon job, mes voisins sont des casse-pieds, etc.).

Cet exercice peut évidemment être assez désagréable.
Il vous confronte à cette partie de vous-même qui entretient votre mal-être.

Maintenant :

1) Lorsque vous aurez fini cette liste, allez vers votre poubelle.

2) Prenez une grande inspiration et

3) Déchirez soigneusement cette liste.

4) Au moment de la jeter avec détermination dans la poubelle, criez « *je n'en veux plus !* »

Bravo !
Voilà une bonne chose de faite.

Retournez maintenant à votre table et prenez la deuxième feuille.

Commencez par écrire **ce qui va se passer de chouette** maintenant que vous êtes libéré de ces croyances limitantes (je vais pouvoir voyager, rencontrer plus de gens sympas, je vais prendre des cours du soir, etc.).

Ajoutez tout **ce qui va vous aider à les changer et à progresser vers vos objectifs** (je vais faire du sport, je vais changer de véhicule, je vais apprendre une langue étrangère, je vais voir mes amis plus souvent, je vais adhérer à une association, etc.).

Et concluez en écrivant **tout ce qui est positif** actuellement dans votre vie. Tout ce que vous aimez (j'ai une chouette copine, mon appartement est confortable, j'aime mon chien, mes collègues sont sympas, etc).

Cette deuxième liste, conservez-la précieusement.

Affichez-la sur la porte de votre frigo ou sur le miroir de votre salle de bain.
Complétez-la si de nouvelles idées se manifestent.

Et surtout : relisez-la régulièrement, vous verrez, elle fera se dessiner un grand sourire sur votre visage et va progressivement changer votre quotidien !

*

Jetez l'ancre.

À présent, vous allez vous faire un *ancrage*.

Un ancrage, c'est aussi un outil très puissant qui consiste à associer une ressource psychologique à un stimulus physique.

Plus concrètement, vous connaissez peut-être la danse de célébration du champion du monde de football Antoine Griezman ?

C'est loin d'être juste un moment de folklore.

Dans la pratique, en répétant toujours ces gestes dans un moment fort en émotions positives, il associe cette petite chorégraphie à un état d'esprit plein de confiance, de force, d'énergie, de triomphe.

Ainsi, à chaque fois qu'il refait ces gestes, ces émotions remontent en lui et il se conditionne positivement.

Plus banal, et indépendamment de toute croyance religieuse, observez la position d'une personne qui prie.

Les mains jointes, les yeux fermés, la tête légèrement baissée, la personne retrouve facilement le calme intérieur, la ferveur, la concentration, la gratitude.

L'idée est donc de définir l'état que l'on souhaite retrouver et d'y associer un geste, une posture et aussi si vous le souhaitez, un mot, une sorte de mot-clé.

Les émotions doivent être très positives évidemment, vous n'êtes pas en train de lire le « guide rapide de la dépression nerveuse ».

Choisissez un geste simple, confortable, facilement reproductible et pas trop semblable aux gestes de la vie quotidienne, comme se gratter l'oreille par exemple.

Le mot-clé original, positif, mais pas imprononçable (Banzaï ! Yeesssss ! Kowabunga!).

Le but est de pouvoir se mettre dans de bonnes dispositions à n'importe quel moment, n'importe où, même discrètement en public.

À vous d'être créatif sans être trop excentrique.
Vous devez pouvoir refaire *exactement* le même geste
facilement.

Voici quelques exemples de gestes :

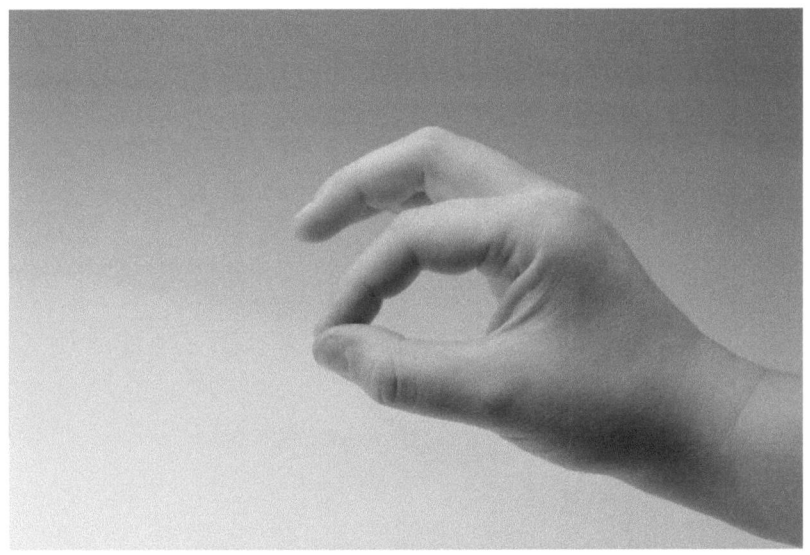

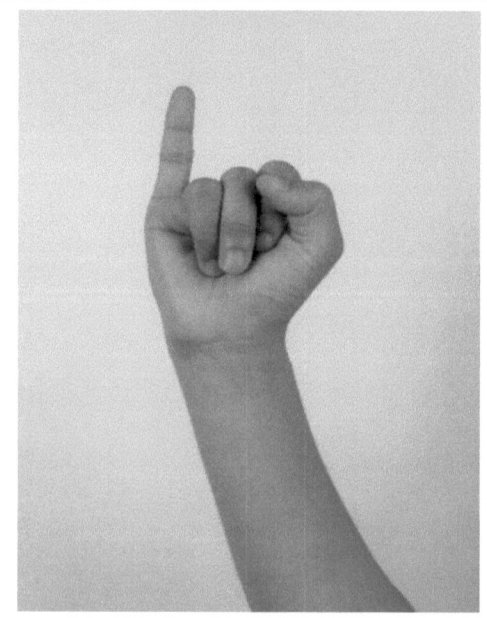

Vous pouvez aussi utiliser les deux mains :

Maintenant passons à la pratique.

1) Installez-vous au calme, confortablement, en ayant choisi votre geste et un mot si vous le souhaitez.

2) Pensez à un moment fort de votre vie où vous aviez eu totalement confiance en vous.

Choisissez celui qui vous convient le mieux : un examen réussi, une prise de parole en public, un excellent résultat scolaire ou sportif, votre premier saut à l'élastique, une déclaration d'amour couronnée de succès.

Celui qui va vous faire vous sentir *très très bien*.
Vous en frissonnez ? Alors c'est le bon !

3)   Lorsque cet instant est bien cerné, clairement remonté dans votre mémoire, concentrez-vous sur tous ses détails.

Le décor, les personnes, les sons, son déroulement. *Régalez-vous* de ce souvenir, revivez-le comme si vous y étiez, d'ailleurs *vous y êtes* !

4)   Faites maintenant le geste prévu et maintenez-le. Prononcez votre mot-clé si vous en avez choisi un.

5)   Passez en revue les détails de cet instant et accentuez-les mentalement.

Rendez les couleurs plus vives, les sons plus forts, les odeurs plus présentes, le toucher et le goût plus sensibles, bref, augmentez tous les ressentis autant que possible.

Prenez le temps, au moins une à deux minutes pendant lesquelles vous maintenez votre geste et prononcez de temps en temps votre mot.

Vous frissonniez ?
Alors maintenant vous en avez le souffle coupé...

6)   Enfin, relâchez votre geste et ouvrez doucement les yeux.

Bravo : l'ancrage est en place !

Dorénavant, chaque fois que vous souhaiterez mobiliser cette sensation de confiance en vous, refaites le geste durant plusieurs dizaines de secondes et prononcez votre mot.

Vous sentirez alors monter en vous cette agréable sensation vécue dans le passé.

Un ancrage s'entretient : chaque fois que vous vivez une bonne expérience aux sensations positives et intenses, refaites le geste et dites votre mot.
Vous allez de cette manière le recharger et même le renforcer en additionnant les bonnes émotions.
Il sera ainsi toujours disponible, plus rapidement efficace et de plus en plus puissant.

Enfin, vous pouvez poser des ancrages sur vous pour tous vos besoins : mobiliser vos capacités d'apprentissage, vous recentrer etc.

Chacun d'eux doit avoir son geste et son mot spécifique.

Faites-vous un film.

Nous allons voir ici un exercice à mi-chemin entre l'auto-hypnose et la PNL (programmation neuro-linguistique).

L'idée est de désamorcer une situation stressante récurrente.
Par exemple le stress avant de prendre la parole en public, votre patron qui vous réprimande, ou vous adresser à un inconnu (pas pratique pour demander son chemin si vous vous égarez souvent non ?).

1)   Pour commencer, identifiez clairement cette situation désagréable.

2)   Installez-vous confortablement au calme, en sachant que vous ne serez pas dérangé pendant un quart d'heure.

Détendez-vous...
Fermez les yeux…
Prenez le temps...
Concentrez-vous sur votre respiration...
Observez-la pendant qu'elle devient lente...
profonde...
calme...
apaisée…
Laissez tout votre corps se relâcher, se détendre, de la tête aux pieds.
Videz votre esprit...
Appréciez cette relaxation qui se diffuse, c'est tellement agréable.
Comme ça, très bien...

Pour vous aider, passez en revue chaque partie de votre corps et détendez-la, connectez-vous à vos sensations.

3)   Après 5 minutes environ, imaginez-vous rentrer dans une jolie pièce, au décor agréable et sécurisant. Dans cette pièce, il y a un téléviseur et en face un fauteuil confortable dans lequel vous allez vous installer.

4)   Sur l'accoudoir du fauteuil se trouve la télécommande de cette télé, il y a beaucoup de boutons !

Allumez le poste et regardez ce qui se déroule.

C'est précisément cette scène désagréable qui vous concerne.
Regardez-la jusqu'au bout, en notant les détails.

Les personnes, les mots, le décor, les bruits ambiants, les vêtements, les accessoires etc.

5)   Lorsque c'est fini, appuyez sur STOP et revenez en arrière.

6)   Appuyez à nouveau sur PLAY, la même scène recommence.

7)   Avec les boutons de la télécommande, vous allez pouvoir tout changer.

En premier, baissez le son, atténuez les couleurs pour les rendre fades, ternes.

Vous pouvez ajouter des effets spéciaux, comme modifier les voix ou les tenues : votre patron en tutu rose et avec une voix suraiguë est bien moins impressionnant non ?

Modifiez la mise au point pour rendre la scène floue.

Atténuez encore les couleurs pour que tout devienne gris, terne.

Enfin, vous pouvez faire un zoom arrière et voir l'image reculer, devenir de plus en plus petite sur l'écran, pour n'être bientôt plus qu'un point et...
Totalement disparaître !

8)   Posez la télécommande. C'est fini.

Appréciez le soulagement, la sérénité, le bien-être de cet instant.

Imaginez-vous sortir de cette pièce en emportant ce bien-être avec vous, rempli de confiance et de détermination.

9)   Laissez-vous revenir dans le présent, prenez une grande inspiration, étirez-vous et en douceur, ouvrez les yeux.

Vous pourrez répéter cet exercice régulièrement, en espaçant chaque séance d'un ou deux jours, jusqu'à ne plus ressentir les désagréments de cette situation.

Vous pouvez aussi l'adapter à différents types de situations dont vous souhaitez vous libérer.

*

Le Ho'oponopono

Il s'agit d'un dérivé de la tradition hawaïenne de réconciliation.

Adaptée au développement personnel, il s'agit de nos jours de travailler à sa paix intérieure, en reconnaissant nos torts et nos blessures pour les rectifier et progresser.

Ce petit exercice va renforcer l'amour de soi, la vision de soi, l'acceptation de soi et donc la confiance en soi.

Pratiqué régulièrement, il vous aidera à apaiser votre stress, votre culpabilité, vos conflits et à vous recadrer dans le présent.

C'est encore une fois un excellent moyen de modifier vos programmations inconscientes.

- Commencez par vous installer confortablement, au calme.
  Apaisez votre mental, détendez votre corps. Accordez-vous le temps nécessaire à vous sentir relaxé et connecté à vous-même.
  Une fois que vous vous sentez calme et serein...

- Dites-vous : **désolé**.

  Donnez réellement un sens à ce mot.

  Désolé d'avoir fait, ou dit telle ou telle chose qui a pu offenser ou porter préjudice à quelqu'un, à

commencer par moi-même.
Reconnaissez vos erreurs, vos failles ou vos faiblesses.
Nul n'est parfait.

- Puis, dites-vous : **pardon**.

Ce mot doit aussi résonner en vous.

Pardon pour ce qui a été désagréable.
Offrez-vous votre propre indulgence qui vous permettra de vous libérer de la stagnation. Ouvrez une porte vers l'avenir.

- Ensuite : **merci**.

Faites vibrer ce mot en vous.

Merci car j'ai appris de cette situation.
Merci car je m'offre la possibilité d'évoluer, de trouver des solutions, d'être meilleur, d'être heureux.

- Et pour finir : **je t'aime**.

Ressentez cette phrase qui est la plus belle du monde.

Je t'aime, tu es précieux et unique, malgré tes erreurs et tes faiblesses.
Tu es une bonne personne.

Tu mérites toutes les belles choses que tu souhaites.
Je t'aime car tu cherches avec courage et détermination des solutions et des améliorations qui vont te libérer.
Ton harmonie intérieure sera bénéfique à tous.

Le kasàlà

Il ne s'agit pas d'un petit fromage alsacien[8], mais d'une méthode traditionnelle originaire du Congo, qui consiste à s'autocélébrer à travers un petit texte, ou un petit poème.

Le kasàlà permet de s'affirmer, de prendre sa place sans se soumettre, ni agresser les autres.

Très efficace pour renforcer sa vision de soi, voici comment procéder.

- Retournez vous installer à votre table avec papier et crayon.

- Commencez par vous présenter en quelques mots : je suis... je me présente... me voici...

- Maintenant, avec un peu d'humour, dressez la liste de vos qualités, des plus évidentes aux plus anodines.
  Objectives ou non.

- Énumérez l'ensemble de vos atouts, d'ordre physique ou morale, en vous inspirant de la nature (je suis vif comme l'éclair, habile comme un singe, énigmatique comme un chat, etc.).

  Restez toujours positif et bienveillant (« je suis imposant comme l'éléphant » plutôt que « gros

---

[8] Jeu de mot pour linguiste chevronné... ou pas.

comme une vache »).

Décrivez-vous ainsi de la manière la plus détaillée possible.

Soyez lyrique.

Si vous peinez, repensez à ce que les autres vous ont déjà dit.

Ou en cas de manque cruel d'inspiration, décrivez la personne que vous souhaitez devenir !

- Enfin, allez devant votre miroir, regardez-vous droit dans les yeux et lisez-vous à voix haute votre texte. Remplissez-vous de ce portrait motivant.

- Vous pouvez aussi lire votre texte à vos proches si

vous effectuez cet exercice en groupe.

- Conservez votre feuille, vous pouvez l'afficher quelque part chez vous ou au boulot et relisez-la de temps en temps pour votre plus grand bien-être.

*

12

Auto-hypnose

L'hypnose est un moyen puissant et naturel pour s'adresser à l'inconscient afin de modifier des croyances ou des comportements indésirables.

Comparable à un « demi-sommeil », vous restez toujours conscient de votre environnement et totalement maître de vous.

Vous pouvez recourir à un spécialiste, ou utiliser l'auto-hypnose, comme je vous y invite ici.

Le professionnel, à son cabinet, vous propose des séances spécifiquement adaptées à votre situation, les fichiers mp3 vous proposent une version plus généralisée : c'est un peu la même différence qui existe entre le prêt-à-porter et le sur-mesure.

L'efficacité est tout de même appréciable !

En suivant le lien ci-dessous, vous pourrez accéder à 5 séances d'auto-hypnose qui vous aideront à surmonter votre manque de confiance en vous, simplement en vous adressant de façon positive et imagée à votre inconscient.

Le lien à suivre est :
https://www.philippekorn.fr/grces4488

Vous n'avez rien d'autre à faire que de *vous installer confortablement au calme, à lâcher prise et à ouvrir votre imagination.*

Avant de commencer, fermez les yeux, concentrez-vous sur votre respiration pendant 1 ou 2 minutes, sans vouloir la modifier.

Observez l'air qui va et vient en vous…

Constatez que votre ventre, ou votre poitrine, se soulève un peu avant de redescendre, en douceur…

Laissez toutes les tensions disparaître…

Laissez votre esprit se vider…

Laissez chaque partie de votre corps se détendre…

*

Enfin, ne cherchez pas à analyser ce qui vous sera dit.

Il n'est pas non plus nécessaire de vouloir tout visualiser.

Laissez simplement les suggestions qui vous sont faites trouver leur chemin dans votre esprit.

*

Écoutez les séances à quelques jours d'intervalles, il n'y a pas d'ordre imposé, vous pouvez soit les écouter successivement, soit écouter plusieurs fois la même si elle vous plaît particulièrement.

Vous avez encore besoin de ce mot de passe pour afficher la page : thpns_67

*

13

Les 5 règles
(et les 4 accords)

Attention, je vais vous révéler le secret du bonheur !

Enfin, selon Éric Berne.

Il a défini ces 5 règles qui vous aideront à vous exprimer et à remplir vos besoins.

Elles sont valables pour vous, en direction des autres et bien entendu, vous devez aussi les accepter en retour.

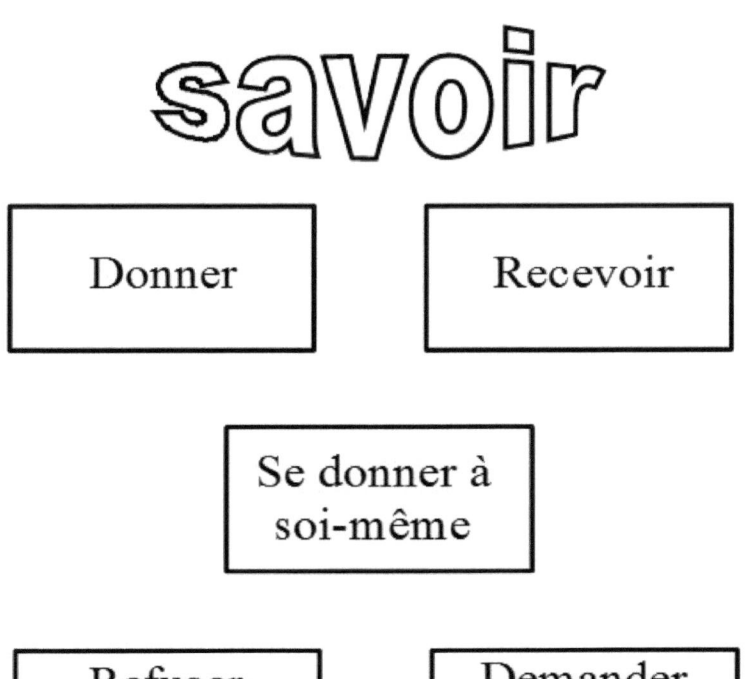

savoir

| Donner | Recevoir |

Se donner à soi-même

| Refuser (ne pas tout accepter ou admettre) | Demander (et accepter un refus) |

S'épanouir revient donc à user librement de ces 5 règles.

Si elles sont étroitement liées à vos besoins (voir chapitre VII), par exemple le besoin de structure commence par savoir dire « non », elles conditionnent aussi le regard que vous portez sur vous-même, l'amour, l'acceptation et la confiance dont nous avons parlé au chapitre 6.

En préparant le schéma de la page précédente, j'ai trouvé qu'il était intéressant d'y inclure « les 4 accords toltèques [9]», selon le livre éponyme.

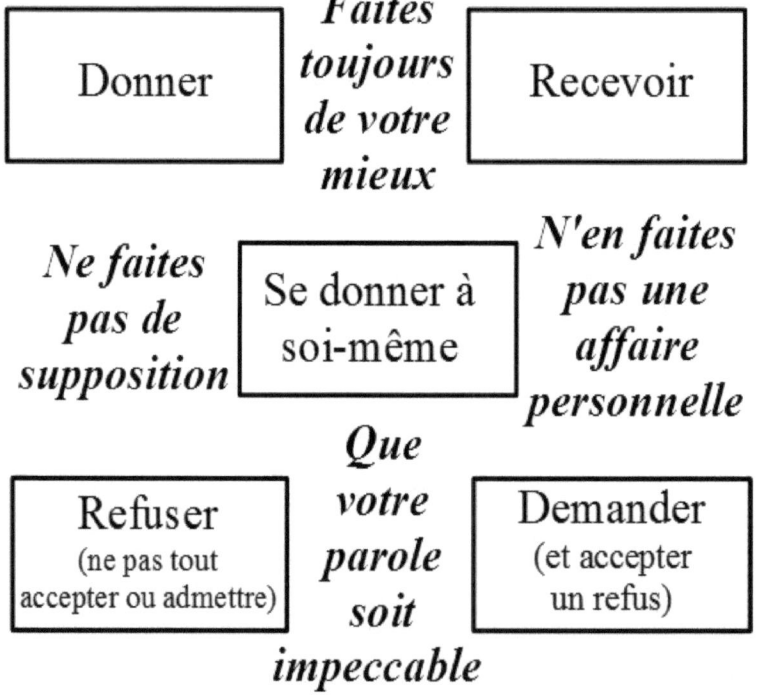

Je pense que leurs positions ne sont pas figées dans le schéma, libre à vous de les intervertir, mais il me semble qu'ils ajoutent des indices précieux pour progresser.

Encore une fois, ils montrent l'imbrication des principes déjà évoqués.

Ils vous permettent ainsi de « relire » les 5 règles de plusieurs manières :

- Faites toujours au mieux pour donner et recevoir, selon vos moyens et vos besoins,

- Que votre parole soit impeccable pour oser demander et savoir refuser sans gêner ou offenser votre interlocuteur,

- Ne faites pas de supposition quand vous décidez de refuser ou de donner quelque chose, tenez-vous en aux faits et admettez de ne pas disposer de toutes les informations,

- Ne vous offensez pas du refus des autres ou au contraire de ce qu'ils vous donnent lorsque cela ne correspond pas à votre attente, eux non plus ne disposent pas de toutes les informations vous concernant,

- etc.

Permutez les règles et les accords pour comprendre les approches bienveillantes qu'ils vous inspireront.

Vous équilibrez ainsi vos responsabilités, vous vous stimulez, vous soignez votre vision de vous-même et votre acceptation, vous ne dramatisez pas une situation anodine, vous êtes clair dans votre positionnement, etc.

En effet, tout ça va sans aucun doute participer à votre bonheur !

*

Sartre disait que « l'enfer, c'est les autres ».
Peut-être.
Probablement.
Parfois.
Je ne sais pas.

Pourtant, notre confiance en nous s'ébranle souvent sous les remarques d'un tiers, d'un parent, d'un collègue, d'un ami (ou présumé comme tel).

> « C'est à cause de toi que... »
> « Tu vois, c'est encore ton/ta/tes... »
> « Pourquoi as-tu fait ça ? »
> « Si tu n'étais pas là, je pourrais... »
> « Tu me fais faire n'importe quoi »
> « Tu es vraiment nul »
> « Tu n'es bon à rien »
>   etc.

La liste est sans fin.

Pensez alors à l'accord qui dit « **n'en faites pas une affaire personnelle** », c'est un excellent bouclier.

Ces remarques aigries ne vous apprennent rien sur vous, ce ne sont que les expressions des propres misères de la personne qui les prononce, de ses propres turpitudes, de son absence de responsabilisation, de sa colère, de sa mauvaise foi.

Tout ça lui appartient, n'entrez pas dans son jeu.

En vous attribuant la cause des événements, il se condamne à stagner sur ses problèmes.
C'est très confortable à court terme de ne pas devoir se remettre en question, mais ce sera très destructeur pour lui dans le temps.

Prenez du recul, quittez la discussion et refusez de vous culpabiliser.

Certains maudissent Dieu, le ciel, le temps qu'il fait, grand bien leur fasse : ce n'est pas votre affaire.

N'acceptez pas de servir de défouloir, distancez-vous, sans juger, car vous ne savez pas non plus les raisons profondes qui font réagir l'autre de la sorte.

Simplement : protégez-vous.

*

14

Détermination d'objectif

« Il n'y a pas de vent favorable à celui qui ne sait pas où il va »

Sénèque

Nous avons fait, dans les pages précédentes, l'état des lieux, vu ce qui ne va pas et que faire pour aller mieux.

Voyons maintenant *ce que nous voulons*.

En effet, si vous travaillez sur votre confiance en vous, c'est parce que vous souhaitez obtenir des résultats ou vous diriger vers vos buts.

Il est donc *indispensable* de **savoir ce que vous voulez vraiment**, d'en avoir une idée claire.

On dit : « avoir un objectif qui répond aux critères de bonne formulation ».

Je vous propose ici deux méthodes de détermination d'objectif, il en existe d'autres.

N'hésitez pas à les cumuler, les mélanger et y ajouter vos propres critères.

*

Pensez **SMART**.

Il s'agit d'un acronyme pour :

- Spécifique.

    Votre objectif doit être spécifique, *positif,* sans négation et vous concerner vous-même.

    Pas de « je veux être heureux », « je veux que Sandra m'aime », « j'en ai marre de mon job », « je suis trop gros ».

    Réfléchissez plutôt à ce qui peut vous rendre heureux, à ce qui va attirer Sandra, quel emploi vous conviendra mieux et souhaitez « mincir ».

- Mesurable.

    Vous devez avoir une unité concrète pour mesurer *votre progression vers votre objectif.*

    Vous voulez augmenter vos revenus, OK, de combien ? De 1000 Euros par mois.
    Vous voulez mincir ? Oui, de 10 kilos.
    Pratiquer un sport ? Oui, 2 heures par semaine, pour le moment j'arrive à en faire entre une heure à une heure trente, bravo persévérez !

- **A**pproprié.

  Votre objectif doit être raisonnable et adapté à votre personne.

  Si vous pesez 48 kilos, vouloir perdre 10 kilos est extrêmement dangereux.
  Si vous désirez gagner un million d'euros dans les prochaines 48 heures, c'est spécifique et mesurable, mais pas vraiment raisonnable.

- **R**éaliste.

  Disposez-vous des ressources nécessaires ? Quelles sont-elles ? Argent ? Compétences ? Équipement ? Devez-vous en acquérir d'autres ? Lesquelles ?

  Vous êtes peut-être déjà un cuisinier hors pair, avec un budget confortable et tout le matériel nécessaire, mais avant d'emménager à Londres pour ouvrir votre restaurant de cuisine française, vous avez peut-être besoin de 6 mois de cours d'anglais intensif ?

- **T**emporel.

  Milton Erickson, grand précurseur de l'hypnose moderne, a écrit : « un projet sans date reste un rêve ».

  Définissez des dates et des délais.
  Vous en aurez besoin pour évaluer l'avancée de

votre projet et l'adapter en cas de besoin.

*

Pensez **SCORE**.

- **S**ituation.

  Quel est la situation, le symptôme ?
  Exprimez clairement ce qui se passe dans votre vie,
  ce qui ne va pas, ce que vous voulez *changer*.

- **C**auses.

  Pourquoi vivez-vous cette situation ?
  Quelle en est l'origine ?

- **O**bjectif.

  C'est important de bien cerner ce qui ne va pas,
  mais c'est indispensable de savoir où vous voulez
  arriver.
  Formulez cet objectif de manière spécifique,
  positive et précise.

- **R**essources.

  Faites l'inventaire de ce dont vous avez besoin, de
  vos acquis et de ce que vous devez acquérir en plus.

- **E**ffet.

  Projetez-vous dans l'avenir, une fois votre projet
  lancé ou votre objectif en vue.
  Qu'est ce qui se passe, comment ça se passe, avec
  qui ?

Qu'est-ce qui a changé ?
Que ressentez-vous ?

*

15

Principe d'intention positive

Voici le chapitre le plus court de ce livre.

Si vous retournez aux définitions, je vous disais que le manque de confiance en soi sous-entend la sensation qu'une menace diffuse plane au-dessus de notre tête.

Et pourtant...
Les convives du mariage devant lesquels vous allez faire un petit discours sont là pour s'amuser, comme vous.
Vos collègues ne souhaitent pas votre mort en fait.
Le contrôleur du bus ne kidnappe pas les enfants.

Puisque nous ne pouvons pas être dans la tête de l'autre, autant, par principe, lui laisser le bénéfice du doute, ou mieux, lui *accorder des intentions positives.*

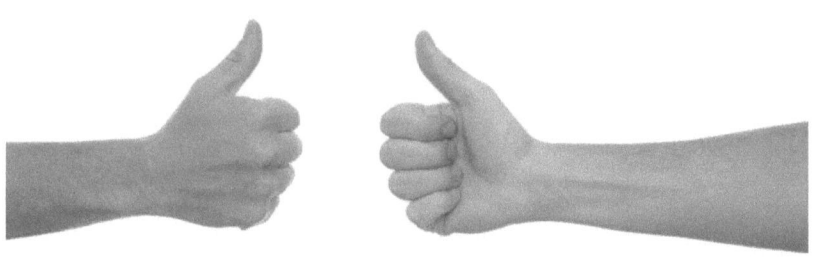

*

16

Conclusion

« Pour réaliser une chose extraordinaire, commencez par la rêver. »

Walt Disney

Vous le savez maintenant, tout comportement *gagnant* deviendra un *automatisme* puisqu'il sera reproduit.

Plutôt que de rester uniquement dans le mental ou l'introspection, inscrivez-vous dans une démarche de comportement pour déclencher des changements bénéfiques.

Vous allez maintenant **AGIR**

Activez   vos ressources
Grandissez   en confiance
Initiez   le changement
Rencontrez   le succès

Regardez là où vous voulez aller !

17

Le cercle d'excellence

Vous savez maintenant où vous voulez aller, alors allons-y, faisons encore un pas de plus.

Un vrai pas en avant.

Allez dans un endroit calme, restez debout, avec environ deux mètres de libre devant vous.

1)   Fermez les yeux et détendez-vous...

Encore un peu plus…

Décrispez vos épaules, isolez-vous du quotidien…

2)   Imaginez devant vous, à deux pas de distance, un cercle sur le sol, d'environ un mètre de diamètre.

3)   Maintenant vous allez déposer mentalement, dans ce cercle, tout ce qui concerne votre projet, votre réussite : vos qualités, vos ressources, vos atouts.

Visualisez ce qui se passera lorsque vous aurez atteint votre objectif : les gens qui vous entoureront, leurs mots, les félicitations, les lieux concernés, les décors, l'argent, les rires, les clients.

Mettez-y toutes les bonnes sensations qui vous traverseront : la fierté, la satisfaction, la confiance, la joie, le triomphe, la liberté…

Prenez vraiment le temps d'y ajouter toutes les choses positives, matérielles et psychologiques, qui sont liées à ce que vous voulez obtenir.

Soyez généreux.

Osez.

Dans ce cercle se trouvent tous *les trésors que vous allez obtenir*.

4)   À présent, faites un premier pas vers ce cercle en gardant les yeux fermés.

Pensez à toutes ces choses qui se rapprochent, pensez à votre progression gratifiante vers ces magnifiques résultats.

5)   Enfin, entrez dans ce cercle et laissez toutes ces choses rentrer en vous, en profondeur.

Imprégnez-vous totalement des sensations qu'il contient.

Tout ce que vous y avez posé est maintenant à vous.

C'est comme la mise à jour d'un logiciel qui ajoute toutes les fonctions souhaitées à l'ancienne programmation et qui écrase les vieux bugs.

Prenez le temps de tout assimiler, grisez-vous de tout ce bien-être, de toutes ces ressources, de tout ce qui va bientôt être *votre réalité*.

Ce cercle, vous pourrez l'imaginer partout où vous le souhaiterez : sur le seuil de votre bureau ou devant le pied du micro dans lequel vous allez parler.

Laissez-vous simplement quelques secondes pour faire remonter ces bonnes sensations à chaque fois que ce sera utile.

*

Annexes

La pyramide de Maslow

Abraham Maslow a proposé un modèle hiérarchisé des besoins humains essentiels sous la forme d'une pyramide à 5 étages.

Elle explique une partie des motivations d'un individu ainsi que les frustrations engendrées par les stagnations ou les chutes dans cette hiérarchie.

Chaque étage correspond à certains besoins à remplir pour pouvoir passer à l'étage suivant.

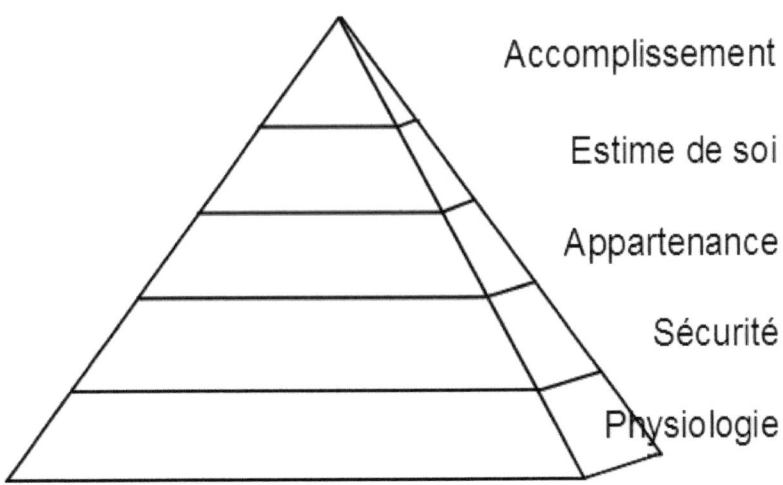

Le cheminement est le suivant :

- **Les besoins physiologiques.**

  Boire, manger, respirer, dormir, avoir des contacts, se reproduire etc.

Tout ce qui est essentiel et urgent, puisqu'il en est de la survie.

- **La sécurité.**

Disposer d'un abri, d'un revenu, se protéger des maladies et de la violence, bref, ce qui nous permet d'envisager un lendemain. C'est donc aussi structurer son espace et son temps.

- **L'appartenance.**

C'est trouver sa place dans la société, dans un groupe (couple, association, entreprise, etc.).
On retrouve ici le besoin de recevoir des signes de reconnaissance (voir chapitre 8).

- **L'estime de soi.**

Nous revoilà au cœur de notre sujet.
En se différenciant du groupe, on devient unique par ses compétences, son expérience, bref, on acquiert de la valeur.
Cette valeur est, comme vous le savez maintenant, alimentée par l'acceptation, la confiance et la vision de soi.

- **L'accomplissement.**

C'est un peu la cerise sur le gâteau.
Vous êtes en harmonie avec vous-même et les autres.

Vous considérez la vie dans son intégralité, le monde dans sa globalité avec le souhait d'y jouer un rôle, même modeste.

Bien entendu, il s'agit d'un modèle.
La réalité n'est pas toujours aussi tranchée.

On arrive souvent à compenser un manque pour passer à l'étage suivant, mais notre position risque d'être alors précaire.
En principe, dans notre société, on arrive à atteindre le 3ème niveau.
Le suivant, l'estime de soi, devient déjà plus difficile à rejoindre.
Consolider les 3 étages de base est donc la première étape à parcourir.

L'équilibre d'un groupe, petit ou grand, nécessite aussi que ses membres soient tous au même niveau.

Pour en savoir plus :

https://fr.wikipedia.org/wiki/Pyramide_des_besoins

*

La pyramide de Dilts

Robert Dilts a proposé une pyramide à 6 étages appelée les « niveaux logiques » qui structurent, selon lui, un individu.

Ici, c'est le niveau supérieur qui organise et influence le niveau inférieur.

Lorsque les niveaux sont « alignés », on est la bonne personne, au bon endroit, qui fait les choses justes...

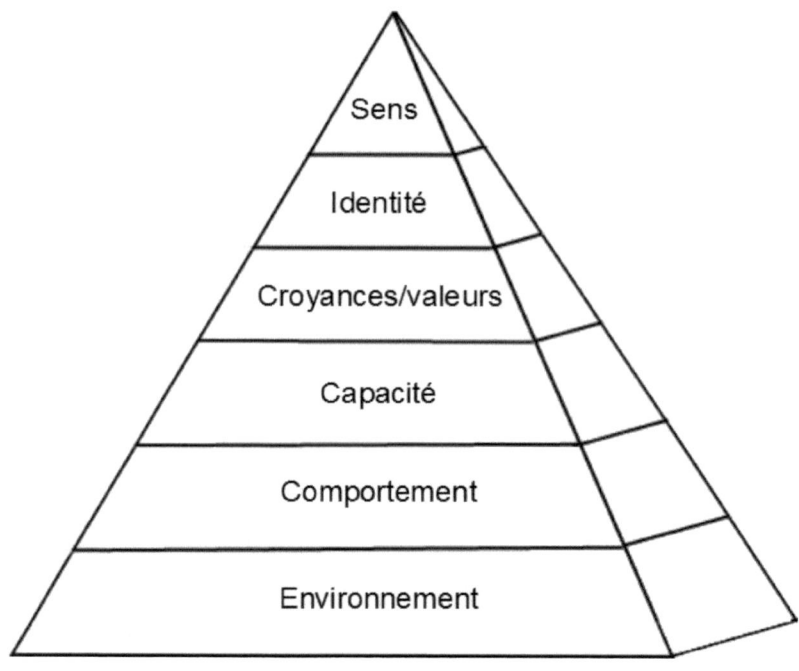

Regardons de plus près.

- **L'environnement.**

  C'est à dire où et quand.
  Ceci concerne les gens et les endroits que nous
  fréquentons et qui nous influencent, volontairement
  ou non.

- **Le comportement.**

  Autrement dit, quoi ? Que faire ?
  Ce sont vos paroles et vos actes.
  Souvent, le premier niveau d'action se situe là. Mais
  pour durer, ces changements devront être soutenus
  par les niveaux supérieurs.

- **La capacité.**

  Comment le faire ?
  Ici se trouvent vos compétences et vos moyens
  d'apprentissage.
  C'est le niveau où l'on définit sa stratégie.

- **Les croyances et les valeurs.**

  Le pourquoi ?
  Repensez aux chapitres 9 et 10.
  Si les croyances sont le « pourquoi » vous faites les
  choses, les valeurs sont le « pour quoi » vous le
  faites.

- **L'identité.**

  Qui suis-je ?
  Il s'agit de la représentation que vous avez de vous-
  même et des objectifs que vous souhaitez atteindre.

- **Le sens.**

  De quoi fais-je partie ?
  C'est la vision globale de vous dans le tout, y
  compris spirituellement.

On cherche donc à ce que tous les niveaux soient orientés
vers un objectif commun.
Il est souvent nécessaire d'agir pour trouver la cohérence
entre les niveaux.

Si, par exemple, vous êtes agressif ou triste au travail,
l'idée sera peut-être d'acquérir de nouvelles compétences
pour changer de poste.

Ou lorsque vous ne vous sentez pas capable d'accomplir
quelque chose (niveau « capacité »), essayez d'agir en
priorité sur vos croyances.

Pour en savoir plus :

https://fr.wikipedia.org/wiki/Niveaux_logiques

*

Les quatre accords toltèques

C'est le nom d'un best-seller écrit par Don Miguel Ruiz et publié en 1997.

Ce livre de poche énonce 4 principes simples qui peuvent considérablement vous simplifier la vie.

Pour vous en donner un aperçu :

1- **Que votre parole soit impeccable.**

Réfléchir à ce qu'on dit et comment on le dit nous épargne de nombreuses difficultés.

Soigner sa communication est indispensable pour des rapports harmonieux avec nos proches et avec tous ceux qui croisent notre route.

2- **Ne faites pas de supposition.**

Ne restez pas dans le doute, dans le non-dit, c'est un frein terrible et une douleur inutile.

Il est souvent très simple de poser une question pour vous libérer de pensées parasites : "J'ai dit une bêtise ?", "tu n'as pas l'air satisfait ?", "pourquoi me dis-tu ça ?".

Un petit malentendu vite dissipé vous épargnera des montagnes de soucis.

3- N'en faites pas une affaire personnelle.

Vous ne portez pas le monde sur votre dos.

Les réactions des autres leur appartiennent, vous ne connaissez ni leurs histoires ni leurs ressentis immédiats, ce n'est donc pas forcément à vous d'assumer ce que font ou disent les autres.

4- Faites toujours de votre mieux.

Arrêtez de vouloir être parfait.

Personne n'est infaillible.

Certains jours nous sommes au maximum de nos capacités et d'autres jours notre "moteur" est "grippé".

Sans négliger les choses, impliquez-vous dans chaque action avec tout ce que vous pouvez y mettre, selon vos moyens du moment.

*

Je suis heureux de vous avoir accompagné pendant ces quelques pages sur le chemin de votre confiance en vous.

Offrez-vous le temps pour retrouver le confort que procure cette sensation afin qu'elle vous accompagne chaque jour. Pratiquez vos exercices, observez vos pensées, commentez vos expériences.

Tout ira de mieux en mieux.

Encore merci.

Philippe Korn

Crédits :

Les photos sont libres de droits
https://pixabay.com

Les dessins sont de l'auteur

Le Petit Prince, Antoine de Saint Exupéry
Éditions Gallimard
Dessin de la page 65 de Saint Exupéry

Les quatre accords toltèques, Don Miguel Ruiz,
éditions Jouvence

Sur le web :

© 2020, Philippe Korn, 01170 Gex

ISBN 978-2-3224-1987-6

Édition : BoD – Books on Demand, info@bod.fr

Impression : BoD – Books on Demand, In de Tarpen

42, Norderstedt (Allemagne)

Impression à la demande

Dépôt légal : Mai 2022